CATALOGUE

D'ESTAMPES

ANCIENNES

LITHOGRAPHIES

ET

EAUX-FORTES MODERNES

COMPOSANT LA

COLLECTION DE M. C... *Cambrai*

DONT LA VENTE AUX ENCHÈRES PUBLIQUES AURA LIEU

HOTEL DROUOT

SALLE Nº 4, AU PREMIER ÉTAGE

Les lundi 12 et mardi 13 mai 1873

A UNE HEURE ET DEMIE PRÉCISE

Par le ministère de Mᵉ **DELBERGUE-CORMONT**,
Commissaire-Priseur, rue de Provence, 8,
Assisté de **M. CLÉMENT**, Mᵈ d'Estampes de la Bibliothèque
nationale, rue des Saints-Pères, 3.

EXPOSITION PUBLIQUE

Le dimanche 11 mai 1873, de une heure à cinq heures.

PARIS. — 1873

Ordre des Vacations

Lundi 12 Mai. . . . .   N° 1 à 158

Mardi 13 Mai. . . . .   N° 159 *à la fin.*

Paris — Typ. Pillet fils aîné, rue des Grands-Augustins, 5.

ESTAMPES ANCIENNES

ANONYMES.

1. La Vierge et l'Enfant Jésus. Deux compositions diffé rentes, gravées à l'eau-forte. Très-belles épreuves.
2. Portrait d'homme, vu de face et assis dans un fauteuil, gravé à l'eau-forte. Très-belle épreuve.
3. Paysage en hauteur, d'une vaste étendue. Très-jolie pièce gravée à l'eau-forte. Très-belle épreuve.

ANSELIN (J.-L.).

3 *bis*. Madame de Pompadour en jardinière, tenant des fleurs, d'après Vanloo. Très-rare épreuve à l'état d'eau-forte; elle a toute sa marge.

3 *ter*. La même estampe. Magnifique et très-rare épreuve avant toutes lettres; elle a toute sa marge. *Lav.*

AUDOIN.

4. Le Galant militaire, d'après Terburg. Très-belle épreuve avant toutes lettres.

BARTOLOZZI.

5. Vénus entourée d'Amours, d'après Cipriani. Très-belle épreuve.
6. Jeunes femmes pinçant de la guitare. Deux très jolies pièces gravées en couleur. Très-belles épreuves.

BAUDOIN (D'après).

7. Les Amants surpris, — la Sentinelle en défaut. Deux pièces gravées par Choffard.

8. L'Epouse indiscrète, par N. de Launay. Très-belle épreuve.

9. Le Carquois épuisé, charmante pièce gravée par De Launey. Superbe épreuve avant la lettre, avec toute sa marge. Très-rare dans une aussi belle condition.

10. La Soirée des Tuileries, gravé par Simonet. Superbe et très-rare épreuve avant toutes lettres.

BEHAM (H.-S.).

11. Léda, 1548 (B. 112). Belle épreuve.

12. La Femme couchée, vue par le dos (B. 215). Superbe et très-rare épreuve du deuxième état, avant le monogramme et les nuages.

13. Jeune homme près d'une jeune femme (B. 161 des pièces sur bois). Très-belle épreuve.

BERGHEM (N.).

14. La Vache couchée près de celle qui est debout (B. 13).

BLOEMAERT (A.).

15. La Vierge aux lunettes, d'après Carrache. Très-belle épreuve, sans marge.

BONNET (L.).

15 *bis*. Marie-Antoinette, archiduchesse d'Autriche, dauphine de France. Charmant petit portrait d'après Ktanzinget. Superbe épreuve en couleur.

BOSIO (D.).

16. La Main chaude, — le Collin-Maillard, — les Quatre coins, — la Poule, — le Vieux style. Cinq pièces, les trois premières sont seules de Bosio.

BOSSE (A.).

17. Atelier de graveur. Très-belle épreuve.

BOL (F.).

18. Portrait de femme dans un ovale (Cl. 17). Très-belle épreuve.

19. Vieillard à grande barbe et calotte (Cl. 19). Très-belle épreuve.

BONASONE (Jules).

20. Constantin remportant la victoire sur le tyran Maxence (B. 84). Très-belle épreuve rognée d'environ 2 centimètres.

BOUCHER (F.).

21. Jeune fille, vue de dos, — deux Jeunes filles portant des fleurs et des fruits. Deux pièces gravées à l'eauforte. Très-belles épreuves.

BOUCHER (D'après).

22. Jupiter et Léda, gravé par Ryland. Superbe et rare épreuve avant toutes lettres.

23. Vertumne et Pomone, gravé par Au. de Saint-Aubin. Très-rare épreuve avant toutes lettres, à l'état d'eauforte.

24. Venus sur les eaux. Très-grande pièce en largeur, gravée par Moitte. Epreuve vernie.

25. La Muse Erato. Gravé par Daullé. Très-belle épreuve.

26. La Coquette, par Daullé; — Vénus et l'Amour, par Aveline. Deux pièces. Très-belles épreuves.

27. La Naissance d'Adonis, gravé par G. Scotin. Très-belle épreuve.

28. Enlèvement d'Europe, gravé par Aveline. Très-belle épreuve.

29. Amours et étude de tête. Trois pièces gravées par Huquier.

30. Jeune femme en buste tenant des fleurs, — autre Femme en buste appuyée sur un fût de colonne. Deux pièces gravées au crayon rouge par Demarteau. Très-belles épreuves.

BOUCHER (D'après).

31. Jeune femme entourée d'Amours, déposant une couronne de roses sur l'autel de l'Amitié, gravé au crayon rouge par Demarteau. Très-belle épreuve.

32. Vénus et l'Amour. Très-jolie pièce au crayon rouge par Demarteau.

33. Les Deux amants, charmante petite pièce de forme ronde, gravée aux trois crayons par Demarteau.

34. Vénus assise sur un lit, gravé par Demarteau au crayon rouge.

35. Les Amours. Deux pièces en forme de frises, gravées au crayon rouge par Demarteau.

36. Etudes de têtes et d'Amour. Quatre pièces au crayon rouge par Demarteau.

37. Pastorales. Quatre très-jolies pièces au crayon rouge par Demarteau.

38. Petite fille assise et se regardant dans une glace, — Jupiter et Antiope, etc. Trois pièces aux trois crayons et au bistre.

BRY (J.-Th.).

39. La Danse des patriciens. Très-belle épr. d'une pièce rare.

40. La Danse des paysans. Très-belle épreuve.

CALLOT (J.).

41. L'Enfant prodigue, 53-63. Suite de onze pièces y compris le titre. Très-belles épreuves avant les numéros.

42. La Rencontre à l'épée, — la Rencontre au pistolet, 595-596. Deux pièces. Très-belles épreuves du premier état.

43. Le Jeu de boules, où la Foire de Gondreville, 623. Très-belle épreuve du deuxième état.

44. Balli, ou Cucurucu, 641-664. Suite de vingt-quatre pièces. Très-belles épreuves avant les numéros.

45. Pièces détachées des misères de la guerre, des apôtres et des gueux. Sept pièces.

CARDON (Ant.)

46. Louisa Paolina Angelica Cosway. Très-jolie pièce gravée en couleur, d'après Cosway.

47. Portrait de Madame Récamier, d'après Cosway. Très-belle épreuve.

CARICATURES PARISIENNES.

48. Le Délassement des politiques, — Désagrément des cabriolets, — la Dame soufflée, — Fi donc! — le 22 Mars, pièce tirée du Musée grotesque, — Antichambre d'un grand seigneur, — Musique ambulante, — M. Ragotin et sa servante, etc. Neuf pièces.

CHARDIN (D'après).

49. La Jeune malade. Très-jolie pièce gravée à l'eau-forte par Saint-Non. Très-belle épreuve.

50. La Petite fille aux cerises, gravé par C.-N. Cochin. Très-belle épreuve.

51. L'Ecureuse, par C.-N. Cochin. Superbe épreuve.

52. La Mère laborieuse, par Lépicié. Belle épreuve.

53. Les Amusements de la vie privée, par L. Surugue. Superbe épreuve.

54. Etude du dessin, par Le Bas. Superbe épreuve.

55. La Petite fille au volant, par Lépicié. Superbe épreuve.

56. Le Château de cartes, par Lépicié. Superbe épreuve.

57. La Blanchisseuse, par C.-N. Cochin. Très-belle épreuve.

58. Le Négligé, ou Toilette du matin, gravé par Le Bas. Très-belle épreuve.

59. Jeune garçon assis sur une chaise de paille; à ses pieds sont sa toupie et son volant, gravé par Huquier. Pièce rare. Superbe épreuve.

CHAUVEAU (F.).

60. Le Christ descendu de la croix, d'après N. Poussin. Très-belle épreuve avant la lettre.

CHEVILLET.

61. L'Amour maternelle, d'après Peters. Très-belle épreuve.

COCHIN (N.).

62. Le Martyre des Apôtres. Suite de seize pièces de formes ovales. Très-belles épreuves.
63. La Passion de Jésus-Christ. Suite de douze pièces de formes ovales. Très-belles épreuves.

CONDÉ (John).

64. Mistriss Tickell, d'après Cosway, gravé en couleur. Très-belle épreuve. *Lav.*

COQUERET.

65. Les Ennuyés chez eux (intérieur du café Procope), d'après C. Vernet. Très-belle épreuve avant la lettre.

COUSINS (Samuel).

66. Portrait de lady Elisabeth, comtesse Gower, et de son enfant, d'après sir Thomas Lawrence. Très-belle épreuve.
67. Lady Peel, d'après sir Thomas Lawrence. Très-belle épreuve.

DEBUCOURT (P.-L.).

68. L'Escalade, ou les Adieux du matin. Très-jolie pièce gravée en couleur. Très-belle épreuve.
69. Les Visites. Pièce publiée le 1er jour du XIXe siècle.
70. La Femme et le Mari, ou les Epoux à la mode. Très-belle épreuve.
71. Les Petits Messieurs, ou les Adolescents à la mode. Très-belle épreuve.
72. La Jeune femme. Très-belle épreuve.
73. La Main chaude. Grande pièce en largeur. Très-belle épreuve.
74. Route de Saint-Cloud, — Route de Poissy. Deux pièces en couleur d'après Vernet. Très-belles épreuves.
75. Costumes polonais, d'après Norblin. Cinq pièces gravées en couleur.

DEMARTEAU.

76. Le Château de cartes, d'après Courtois; — Jeune femme
à mi-corps, d'après A. Kauffmann; — Tête de jeune
fille, aux trois crayons, d'après Huet. Très-belles
épreuves.

77. Vénus sur les eaux, — la Fermière. Deux pièces gravées en couleur, d'après Huet.

78. Deux bustes de jeunes filles gravés en couleur, dans
une bordure ovale. Très-belles épreuves.

79. Femme assise et jouant aux cartes. Sanguine d'après
C.-N. Cochin.

DICKINSON (W.).

80. Portrait de femme en pied, gravé en couleur, d'après
Cosway. Très-belle épreuve avant la lettre.

DIVERS.

81. Les Danseurs, par Aldegraver; — Montant d'ornement
à fond noir, par E. Delaisse; — Buste de femme, par
Cantarini; — Portrait de femme au milieu de figures
allégoriques et d'attributs de musique, par Moreau le
jeune. Quatre pièces.

82. L'Enfant prodigue à table, pièce gravée en couleur; —
Pièce allégorique en l'honneur du Tasse; — Cromwell
au tombeau de Charles Ier, d'après Delaroche, etc.
Quatre pièces.

DREVET (Pierre).

83. Maria Serre, mère de Hyacinte Rigaud, d'après lui-
même. Très-belle épreuve.

DUCLOS (J.).

84. La Reine annonçant à madame de Bellegarde des juges
et la liberté de son mari, d'après Desfossés. Très-
belle épreuve avant la lettre.

DUJARDIN (Carle).

85. Les Deux ânes (B. 6), — le Bourg à la montagne (B. 9), — le Mouton couché près de la haie de planches (35), — le Mouton et les mouches (38), — le Berger et son chien (45), — le Cheval de somme (49), — le Chariot devant l'auberge (50), — le Mouton couché près du tronc d'arbre (36), — le Mouton couché (37). Neuf pièces. Très-belles épreuves avec le numéro. Sera divisé.

86. Le Bourg à la montagne (B. 9). Epr. av. le numéro, coupée.

87. Les Moutons près de la haie de paille (B. 39). Très-belle épr. av. le numéro, plus la même pièce avec le numéro.

88. Les Chèvres sur le rivage (B. 48). Très-belle épreuve avant le numéro.

DURER (Albert).

89. L'Enfant prodigue (B. 28). Très-belle épreuve.

90. Sainte Anne et la jeune vierge (B. 29). Epreuve magnifique.

91. La Vierge avec l'Enfant Jésus emmailloté (B. 38). Magnifique épreuve.

92. La Vierge au singe (B. 42). Très-belle épreuve.

93. Sainte Geneviève (B. 63). Très-belle épreuve.

94. Le Petit courrier (B. 80). Très-belle épreuve.

95. Le Canon (B. 99). Très-belle épreuve.

96. Les Trois paysans (B. 86). Superbe épreuve.

97. Les Trois rois apportant des présents à l'Enfant Jésus nouvellement né (B. 3 des pièces gravées sur bois). Superbe épreuve.

98. Le Corps de Jésus-Christ pleuré par la Vierge et les saintes femmes (B. 13), — Les Fiançailles de la Vierge et saint Joseph (82), — la Sainte famille dite aux lapins (B. 102). Trois pièces. Très-belles épreuves.

99. Le Calvaire (B. 59). Superbe épreuve, plus la copie de la même pièce.

100. Saint Martin à cheval (B. app. 18). Très-belle épreuve.

DICK (Ant. Van).

101. Le Christ couronné d'épines. Très-belle épreuve avec les mots *et fecit aqua forti*; mais avant le mot *Regis*, après ceux de *cum privilegio*.

ÉCOLE ANGLAISE.

102. La Visite au grand papa. Manière noire coloriée.

EDELINCK (Gérard).

103. La Sainte famille, d'après Raphaël (R. D. 4). ~~Superbe~~ épreuve avant les armes de l'abbé Colbert, qui ont été placées postérieurement au bas du milieu du sujet et qui ont été effacées dans les dernières épreuves ; elle a de la marge.

104. Rigaud (Hyacinthe), d'après lui-même. Très-belle épr.

105. Claude de Sainte-Marthe, — Ch. Faure, — Félix Vialar, etc. Cinq pièces.

EVERDINGEN (A.).

106. Le Clocher (B. 84). Très-belle épreuve.

FALCK (J.).

107. La Maison de filles ; soldats et courtisanes, d'après Rubens. Superbe épreuve avant toutes lettres.

PICQUET (Et.).

107 *b*. Fénelon (F. Salignac de Lamothe). (F. 58). Superbe épreuve avant les noms des artistes.

107 *c*. La Fontaine (Jean de), de l'Académie française (F. 61). Superbe épreuve dite dans cet état au ruisseau blanc.

107 *d*. Poquelin de Molière (F. 101). Magnif. et très-rare épr. entièrement terminée, avant les noms des artistes.

107 *e*. Voltaire (François Marie Arouet de), d'après La Tour (F. 162). Magnifique et très-rare épreuve, entièrement terminée avant l'inscription sur la tablette et avec les noms des artistes.

FRAGONARD (D'après H.).

108. Les Pétards, par Auvray. Epreuve sans marges, mais avant les draperies.

109. La Gimblette, grande pièce en largeur, gravée par Bertony. Très-belle épreuve.

FREUDEBERG (D'après).

110. La Promenade du soir, par Ingouf jeune. Superbe épreuve avant toutes lettres, avec la tablette blanche ; elle a de la marge. Rare.

111. La Toilette, par Voyez l'aîné. Belle épreuve.

112. La Visite inattendue, gravé par Voyez l'aîné. Très-belle épreuve.

GELLÉE (Claude), dit CLAUDE LE LORRAIN.

113. La Danse sous les arbres (R. D. 1). Très-belle épreuve du deuxième état, avant que les montagnes du fond aient disparu. Collection Arozarena.

GHEYN (J. de).

114. Lion couché. Pièce de forme ovale. Superbe épreuve. Rare.

GOLTZIUS (H.).

115. Un ange soutenant le corps mort de Jésus-Christ sur le bord de son tombeau (B. 273). Très-belle épreuve.

GOLTZIUS (D'après H.).

116. Les Cinq sens. Suite de cinq pièces gravées, par Lépicié, Surugue, E. Marlié. Très-belles épreuves.

GREUZE (D'après).

117. L'Enfant gâté. On voit, à droite, un petit garçon donnant sa soupe à manger à un chien, gravé par Maleuvre. Superbe et rare épreuve avant la lettre.

118. L'Attention dangereuse ; jeune fille assise regardant deux tourterelles qui se becquettent, gravé par Moitte. Superbe et rare épreuve avant toutes lettres.

GREUZE (D'après)

119. La Tricoteuse endormie, gravé par Claude Donat Jardinier. Très-rare et superbe épreuve avant la lettre; entièrement terminée.

120. Homme assis, lisant et tenant une loupe de la main droite, gravé par Coron. Très-belle épreuve avant la lettre, avec marge.

121. La Vertu chancelante, gravé par Massard. Superbe épreuve avec marge.

122. La Mère bien-aimée, gravé par Massard. Très-belle épreuve avant la lettre.

123. La Petite Nanette. Très-jolie petite pièce gravée par Beljambe. Très-belle épreuve.

124. L'Ecureuse, gravé par Beauvarlet. Très-belle épreuve.

125. Etudes de têtes. Trois pièces gravées par Letellier et Ingouf.

GUERIN (C.).

126. Vénus désarmant l'Amour, d'après le Corrége. Epreuve avant la lettre.

GWIN.

127. Trois femmes nues dans un atelier de peinture. Très-belle épreuve avant la lettre. Rare.

HEATH (Ch.)

128. The Lover's Quarrel, d'après Newton. Très-belle épreuve.

JANINET (Genre de).

128 *bis*. Buste de Marie-Antoinette, reine de France. Charmant petit portrait de forme ronde, gravé en couleur. Très-belle épreuve. Rare.

KOBELL (Ferdinand).

129. La Famille villageoise, — le Violon campagnard, — les Bons amis. Trois pièces. Très-belles épreuves.

LANCRET (D'après).

130. Repas italien. Grande pièce gravée par J.-P. Le Bas. Superbe épreuve.

131. Conversation galante, par Le Bas. Superbe épreuve.

LAER (P. de).

132. La Famille (B. 15). Très-belle épreuve.

LAVEREINCE (D'après).

133. La Consolation de l'absence, par de Launey. Superbe épreuve.

134. L'Heureux moment, gravé par N. de Launey. Superbe épreuve.

135. L'Innocence en danger, gravé par Caquet. Superbe épreuve.

136. Qu'en dit l'abbé? gravé par N. Delaunay. Très-rare épreuve avant toutes lettres; elle n'est pas entièrement terminée.

137. Le Billet doux, gravé par N. Delaunay. Superbe épreuve avant la lettre. Rare.

138. Jeune femme lisant une lettre qu'un jeune garçon vient de lui apporter. Jolie pièce in-fol. gravée par Darcis. Très-belle épreuve avant la lettre.

139. Ah! laisse-moi donc voir! gravé en couleur par Janinet. Superbe épreuve sans marges.

LE BAS.

140. Port de mer russe, d'après Vernet. Très-belle épreuve avant toutes lettres.

LE BELLE (D'après).

141. La Jarretière, — la Puce. Deux pièces gravées par Aveline. Très-belles épreuves.

LÉPICIÉ ET AUTRES

142. Le Printemps, d'après la Rosalba; — Suzanne, d'après Santerre, par Durck; — Pièces d'après Mallet et Murillo. Cinq pièces.

LUTMA (J.).

143. Jean Lutma, orfévre. Très-belle épreuve.

MAITRE AU DÉ.

144. Vénus blessée par l'épine d'un rosier, d'après Raphaël. Très-belle épreuve.

MALLET (d'après).

145. Chit, chit!... Par ici!... Deux très-jolies pièces gravées par Copia. Très-belles épreuves.

MASSON (A.).

146. Marin Cureau de la Chambre, d'après Mignard (B. D. 24). Très-belle épreuve du premier état avant les contretailles sur la joue du personnage.

147. Vendôme (Louis duc de), d'après Mignard (B. D. 67). Superbe épreuve.

MELDOLLA.

148. La Sainte Famille et deux autres saints. Pièce gravée à l'eau-forte. Très-belle épreuve.

MOREAU (D'après J.-M.)

149. Les Précautions, par Martini. Très-belle épreuve avec le privilége; avec marge.

150. N'ayez pas peur, ma bonne amie, par Helman. Très-belle épreuve avec le privilége; avec marge.

MORIN (J.).

151. Henri IV, roi de France, d'après Ferdinand (B. D. 60.) Très-belle épreuve avec marge.

152. Vitré (Antoine), imprimeur à Paris, d'après Ph. de Chapaigne (B. D. 88). Très-belle épreuve avec marge.

NAIWINCK.

153. Petit paysage (B. 1). Très-belle épreuve.

NANTEUIL (R.).

154. Chapelain (Jean), membre de l'Académie française (B. D. 60). Belle épreuve.

155. La Chambre (Marin Cureau de), médecin du roi (B. D. 116). Superbe et rare épreuve du premier état.

156. La Meilleraye (Charles de la Porte, duc de), maréchal de France (B. D. 118). Superbe épreuve.

NAUDET (Chez).

157. La Désolation des filles de joie. Pièce rare gravée à l'eau-forte. Très-belle épreuve.

NÉE ET MASQUELIER.

158. Les Vœux du peuple confirmés par la Religion (dédié à la Reine), pièce allégorique publiée à l'occasion du mariage de de Louis XVI et de Marie-Antoinette. Très-belle épreuve avant la lettre.

OSTADE (A. Van).

159. La Mère et les deux enfants (B. 14). Très-belle épreuve avant les contre-tailles au-dessous du bras droit de la mère. Collection Camberlyn.

160. Gueux enveloppé d'un manteau (B. 22). Très-belle épreuve tirée avant des travaux au burin sur le terrain, près des pieds du personnage, et avant le travail à la pointe sèche. Collection Dreux.

161. La Devideuse à la porte de sa maison (B. 25). Belle épreuve.

162. La Chanteuse (B. 30). Très-belle épreuve.

163. Le Père de famille (B. 33). Ancienne épreuve.

164. Les Deux commères (B. 40). Très-belle épreuve.

PATER (D'après).

165. Le Plaisir de l'été, — le Désir de plaire. Deux pièces faisant pendant, gravées par L. Surugue. Très-belles épreuves.

PICART (Et.).

166. La Vertu héroïque victorieuse des vices, — Image de
l'homme sensuel enchaîné par la volupté. Deux pièces
faisant pendant. Très-belles épreuves.

PONTIUS (P.).

167. Sainte Rosalie couronnée par l'Enfant Jésus, d'après
Van Dyck. ~~Superbe~~ épreuve.

POTTER (P.).

168. Le Vacher (B. 14). Epreuve imprimée sur vélin.

RAIMONDI (Marc-Antoine).

199. Saint Paul prêchant à Athènes, d'après Raphaël (B. 44).
Belle épreuve, doublée et restaurée dans le haut, à
droite.

170. Sainte Famille (B. 60). Magnifique épreuve de cette estampe rare. Elle est doublée. Collection Jourdan.

171. Alexandre faisant serrer les livres d'Homère (B. 207).
Superbe épreuve de la copie A, avant le nom de
Raphaël dans la tablette du bas; elle a une grande
marge.

172. Le Jugement de Pâris, d'après Raphaël, par Marc de
Ravenne (B. 246). Superbe épreuve.

173. Le Satyre et l'Enfant, d'après Raphaël (B. 281). Très-
belle épreuve.

REMBRANDT (P. Van Rhyn).

174. Portrait de Rembrandt aux cheveux hérissés (B. 8).
Cl. 8. C. B. 212. Superbe épreuve avec marge. Elle
porte au verso la signature de P. Mariette, 1665.

175. Portrait de Rembrandt dessinant (B. 22). Cl. 22. C. B.
235. Bonne épreuve.

176. Jacob pleurant la mort de son fils Joseph (B. 38) Cl.
42. C. B. 10. Epreuve superbe.

177. Le Retour de l'enfant prodigue (B. 61). Cl. 95. C B. 43.
~~Superbe~~ épreuve.

REMBRANDT (P. Van Rhyn)

178. Jésus-Christ prêchant, ou la Petite tombe (B. 67). Cl. 71. C. B. 39. Très-belle épreuve avant que les travaux à la pointe sèche aient été ébarbés, l'homme coiffé d'un turban debout sur le devant, à la gauche de l'estampe, a le bras droit et le vêtement poussés au noir.

179. Saint Jérôme (B. 102).

180. Juif à grand bonnet (B. 133). Cl. 133. C. B. 101. Très-belle épreuve. Collection du prince de Paar.

181. Gueux debout (B. 163). Cl. 160. C. B. 126. Très-belle épreuve.

182. La Grange à foin (B. 224). Cl. 224. C. B. 334. Epreuve superbe avec une petite marge.

183. La Chaumière et la grange à foin (B. 225). Cl. 222. C. B. 327. Magnifique épreuve.

184. La même estampe. Très-belle épreuve, mais manquant de conservation.

185. L'Abreuvoir de la vache (B. 237). Cl. 234. C. B. 337. Très-belle épreuve.

186. Portrait de Jean Lutma (B. 276). Cl. 273. C. B. 182. Très-belle épreuve.

187. La même pièce. Belle épreuve.

188. Portrait du maître, vu de face et riant (B. 316). Cl. 29. C. B. 218. Superbe épreuve. Très-rare. Provient de la collection Gavet.

189. Portrait de Rembrandt avec trois crocs (B. 319). Cl. 28. C. B. 224. Superbe épreuve. Collection Donadieu.

190. Vieille femme assise (B. 243). Cl. 333. C. B. 196. Superbe épreuve du premier état, avant que la planche ait été diminuée et coupée en ovale. Rare. Collection Camberlyn.

191. Vieille qui dort (B. 350). Cl. 340. C. B. 244. Épreuve magnifique.

REMBRANDT (P. Van Rhyn)

192. Vieille avec voile noir (B. 355). Cl. 345. C. B. 245. Superbe épreuve du deuxième état, avant que le voile
ait été entièrement ombré et avant que l'épaule ait
été couverte d'une troisième taille perpendiculaire.
Collection du prince de Paar et Arozarena.

193. Jeune fille avec un panier (B. 356). Cl. 346. C. B. 240.
Très-belle épreuve, rare.

194. Buste de femme âgée (B. 358). Cl. 348. C. B. 243. Très-
belle épreuve.

195. Le Jeune Harring, — Têtes d'hommes, gravées par
Wilson et Longhi. Trois pièces.

RESTOUT.

196. R. P. D. A. Andreae le Masson. Très-jolie pièce gravée
à l'eau-forte. Superbe épreuve.

REYNOLDS (D'après).

197. Élisabeth, comtesse de Derby, par Dickinson. Sup. épr.

198. Portrait de femme en pied dans un jardin; elle est
appuyée sur un coin de mur, gravé par Watson. Superbe épreuve.

199. Jeune femme assise et vue jusqu'aux genoux, gravé
par Dixon. Superbe épreuve.

200. La petite rusée, gravé par Bause. Épr. avant la lettre.

201. Jeune fille tenant sur ses genoux un oiseau mort,
par Bartolozzi. — Buste de jeune femme, tenant une
colombe dans ses bras. Deux pièces en couleur.

RIBERA (L.).

202. Saint-Jérôme. (B. 4). Très-belle épreuve.
203. Saint-Pierre (B. 7). Superbe épreuve.

RIDINGER.

204. Figures d'un carrousel, suite de quinze pièces avec
texte. Très-belles épreuves.

ROOS (J.-H.).

205. Le Mouton dormant (B. 8). Très-belle épreuve.

ROWLANDSON.

206. Saloon at the Marine Pavillon. Très-jolie pièce en largeur gravée par Alken. Très-belle épreuve.

207. Quatre pièces gravées en couleur, par Alken, et repré-
sentant des loges de théâtre animées de plusieurs
personnages. Très-belles épreuves. Rares.

RUBENS (D'après).

208. Portrait de son fils, gravé par Salvador. Superbe
épreuve avant toutes lettres.

209. Conversation entre plusieurs amants, où l'on voit Rubens et sa femme debout sur la droite. Grande pièce
gravée sur bois par Christ. Jegher. Basan 8 des allé-
gories.

210. Jupiter et Antiope, sup. épr. avant toutes lettres.

SAVART (P.).

211. Catinat (Nicolas de), maréchal de France (F. 10). Superbe épreuve du premier état avant toutes lettres.

212. Colbert (Jean-Baptiste), d'après Champaigne (F. 14).
Très-belle épreuve avec l'adresse de la barrière Fon-
tarabie.

213. François Rabelais (F. 29). Superbe épreuve.

SCHALL (D'après).

214. Le Modèle disposé, par Chaponnier. Belles épreuves.
215. La Comparaison, gravé par Bouillard et Dupreel.
Très-belle épreuve.

SCHENKER.

216. La Vielleuse, — la Frileuse, — la Boudeuse, — la
Brodeuse. Suite de quatre pièces coloriées, d'après
Carle Vernet. Très-belles épr. avec grandes marges.

SCHMIDT (F.).

217. Pierre Mignard, premier peintre du Roy, d'après Rigaud. Très-belle épreuve.

SCHONGAEUR (M.).

218. La Sépulture (B. 18). Très-belle épreuve.

219. Jésus-Christ en croix (B. 25). Très-belle épreuve doublée.

220. Saint-Sébastien (B. 59), Très-belle épreuve.

SILVESTRE (Israël).

221. Les Plaisirs de l'Isle enchantée, ou Festes et divertissements du Roy, à Versailles, divisez en trois journées et commencez le septième jour de May de l'année 1664. Suite de neuf pièces in-fol. Très-belles épreuves avec marges.

SIMON.

222. Héro pleurant Léandre, etc. Deux pièces.

SOLIS (V.).

223. Trois Bustes de rois et de leurs femmes (B. 436). Superbe épreuve.

STRANGE (R.).

224. Charles Ier en pied, près de son cheval que tient un écuyer, d'après Van-Dyck. Très-belle épreuve avec marge.

SWANWELT (H.).

225. Paysage de forme ovale. Très-belle épreuve.

TEMPESTA (Ant.).

226. La Chasse au sanglier. Très-belle épreuve.

TENIERS (D'après).

227. La Porte de l'auberge, — la Danse devant l'auberge. Deux pièces gravées par Le Bas. Très-belles épreuves avant toutes lettres.

228. Le Lendemain des noces, gravé par Le Bas. Belle épreuve.

THEVENIN (J.-C.).

228 *bis*. Suzanne au bain, d'après le Corrège. Très-belle épreuve.

VANLOO (D'après).

229. Pacha faisant peindre sa maîtresse, gravé par Lépicié. Très-belle épreuve.

VERMEULEN (C.).

230. Maria Luissa de Tassis, d'après Van-Dyck. Superbe
épreuve.

VERZY.

231. Louis XVI, Marie-Antoinette et le Dauphin, sur la
même feuille. Portrait d'un cardinal. Deux pièces.

VICENTINO (Andréa).

232. Les Noces de Cana, grande pièce en largeur, gravée
en 1594. Très-belle épreuve.

VISSCHER (L. de).

233. Jeune garçon tenant un chat dans ses bras. Très-belle
épreuve.

VLIEGER (S. de).

234. Le Cheval au pâturage (B. 13). Très-belle épreuve.

WATTEAU (D'après A.).

235. L'Amante inquiète, par Aveline. Superbe épreuve.
236. Mezetin, par B. Audran. Très-belle épreuve.
237. La Finette, par B. Audran. Très-belle épreuve.
238. La Rêveuse, par P. Aveline. Très-belle épreuve.
239. Les Charmes de la vie, par Aveline. Très-rare épreuve.
avant toutes lettres.
240. La Troupe italienne, pièce gravée à l'eau forte par
Watteau et terminée par Simonneau. Epreuve avec l'a-
dresse de Sirois.
241. Spectacle français, gravé par Dupin. Très-belle
épreuve.
242. Leçon d'amour, par Dupuis. Très-belle épreuve.
243. Pour nous prouver que cette belle etc., par L. Surugue. Très-belle épreuve.

WATTEAU (D'après A.).

244. La Game d'amour, par Le Bas. Très-belle épreuve.

245. L'Occupation selon l'âge, par Dupuis. Très-belle épreuve.

246. L'Amour au Théâtre-Italien. Grande pièce in-fol, en largeur, gravée par C.-N. Cochin. Très-belle épreuve.

247. Louis XIV mettant le cordon bleu à Mr de Bourgogne, père de Louis XV, roi de France régnant, par de Larmessin. Très-belle épreuve.

248. Diane au bain, par P. Aveline. Très-belle épreuve.

249. Ribotte de grenadiers, par Ch. Beurlier. Très-belle épreuve.

250. L'Enseigne de Gersaint, grand in-fol., gravé par Aveline. Très-belle épreuve.

251. Pierrot, gravé par Hédouin. — Tête de femme, gravée par P. Chenay. Trois pièces dont une double.

252. Études de costumes d'hommes et de femmes. Sept pièces gravées par Boucher et autres,

253. Études de têtes, par différents graveurs. Dix pièces. Très-belles épreuves.

WATERLOO (A.).

254. Petits paysages. Deux pièces provenant de la collection R. Dumesnil.

WATSON.

255. Mary lady Boynton. Portrait en pied, gravé en manière noire d'après Cotes. Superbe épreuve.

WILLE (J.-G.).

256. Maurice de Saxe, maréchal de France, d'après Rigaud. Très-belle épreuve.

ZAGEL (Martin).

257. Sainte Catherine (B). Superbe épr. Elle est doublée.

LITHOGRAPHIES

ET

EAUX-FORTES MODERNES

BOILLY (L.).

258. L'économie politique, — Uue scène des boulevards.
— Savoyards montrant la marmotte. Trois lithogra-
phies : les deux dernières par Ed. Wattier.

CALAMATTA.

259. Portrait de Paganini, d'après Ingres. Très-belle
épreuve.

CHARLET (N.-T.).

260. Poste avancé (R. Cat. L. C. 24). Très-belle épreuve.
261. La eonsigne (R. 29). Superbe épreuve.
262. Les deux grenadiers de Waterloo (R. R. R. 40).
Superbe épreuve. Cette pièce est une des plus
rares de l'œuvre de Charlet.
263. La mort du cuirassier (R. R. 44). Superbe épreuve.
264. Le marchand de dessins lithographiques (R. 85),
Superbe épreuve.
265. L'aumône (R. 87). Superbe épreuve du premier état
avant la lettre.
266. Cuirassier à pied, en grande tenue et recouvert de
son manteau (R. 121). Superbe épreuve.
267. Dragon d'élite, armée d'Espagne. Il est debout, à
pied, appuyé contre un mur (R. 155). Superbe
épreuve.
268. Elle a le cœur français ! l'ancienne ! Très-belle
épreuve.

269. Pièces inédites et sujets tirés d'albums. Trente-six
pièces.

COROT (D'après).

270. Paysage en hauteur. Trois pièces gravées à l'eau-
forte.
271. Paysage en largeur, gravé à l'eau-forte.
272. Paysage en hauteur; sur le devant, deux grands
arbres; dans le fond, la vue d'une ville. in-fol. Très-
belle épreuve.

DAUBIGNY.

273. Paysages. Quatre pièces gravées à l'eau-forte.

DAUMIER (H.).

274. Caricatures. Cent trois pièces.

DELACROIX (E.).

275. Tigre couché dans le désert. Pièce gravée à l'eau-
forte. Très-belle épreuve avant l'adresse de Picot.
276. La même pièce. Même état que la précédente.

DIAZ (D'après).

277. Diane chasseresse, gravé par Riffaut. Très-belle
épreuve avant la lettre.

DORÉ (G.)

278. Mort de Gérard de Nerval. Très-grande pièce. Superbe
épreuve sur chine, avec signature et dédicace de l'auteur à M. Edouard Houssaye.

DUPONT (M. Henriquet).

279. La Vierge et l'Enfant Jésus, d'après un dessin de Raphaël au musée du Louvre. Superbe épreuve d'ar-
tiste sur papier de Chine.
280. Portrait en buste de Mme la duchesse d'Orléans.

FLAMENG (L.).

281. Son portrait gravé à l'eau-forte d'après une photo-
graphie.

282. Mme de Pompadour, d'après de La Tour, — Marguerite à la fontaine, d'après Ary Scheffer, — Léda, d'après L. de Vinci. Trois pièces. Très-belles épreuves.

GEROME (M.).

283. Oriental assis et fumant. Pièce gravée à l'eau-forte sur chine.

GIGOUX (M. J.).

284. Portrait d'Eugène Delacroix, gravé à l'eau-forte. Très-belle épreuve sur chine.

GRANVILLE.

285. Pièces tirées du journal *La Caricature* et autres. Environ deux cents pièces.

JACQUEMART (J.) et J. DE GONDCOURT.

286. Femme mettant sa jarretière, d'après Goya, — la lecture, d'après un dessin de Fragonard, plus deux pièces par Carey et Masson d'après Baudry et Chaplin. En tout quatre pièces.

LALANNE (M. Maxime).

287. Vue de Paris prise du Pont-Royal. Epreuve avant toutes lettres, avec des essais d'eaux-fortes dans les marges ; avec dédicace et signature de l'auteur.

288. Vue de Paris, prise du Trocadéro, lors de l'exposition de 1867. Très-belle épreuve avant toutes lettres.

MARTIAL.

289. Rue du Gindre, — autre vue de Paris. Deux pièces gravées à l'eau-forte. Epreuve du premier état.

MARVY (L.).

290. Paysages gravés à l'eau-forte. Onze pièces.

MEISSONNIER.

291. Le Petit fumeur. Charmante pièce. Superbe épreuve.

292. Le Rapport. Très-jolie pièce à l'eau-forte sur chine.

MERYON (Ch.).

293. Porte Saint-Marceau (cat. Burty, 7), — Pavillon de
Mademoiselle et une partie du Louvre (6). Deux
pièces. Très-belles épreuves.

294. Vue de l'ancien Louvre du côté de la Seine (1651),
d'après Zeeman. Très-belle épreuve.

295. Rue Pirouette, aux Halles, 1860 (23). Très-belle
épreuve du deuxième état avec la lettre, et avec les
inscriptions sur le mur différentes du premier et du
troisième état. Cet état n'a été tiré qu'à vingt exem-
plaires.

296. Partie de la cité de Paris vers la fin du xviiie siècle,
sur la rive gauche de la Seine (27). Superbe épreuve.

297. Le Grand Châtelet, à Paris, d'après un dessin exécuté
vers 1780 (28). Très-belle épreuve.

298. Le Petit Pont (36). Superbe épreuve d'un premier état
non décrit, avant le trait carré en bas. et les initiales
C. M. au haut de la droite. Notre épreuve porte une
dédicace et la signature de C. Meryon. Elle est sur
chine.

299. La même pièce. Belle épreuve avec la lettre.

300. L'Arche du pont Notre-Dame (37). Très-belle épreuve
du deuxième état.

301. La Tour de l'Horloge (40). Très-belle épreuve.

302. Tourelle de la rue de la Tixéranderie, démolie en 1851
(41). Très-belle épreuve avec les initiales C. M. dans
le haut de la droite c'est le premier état décrit.

303. Saint-Étienne-du-Mont (42). Superbe épreuve avec
les initiales C. M. dans le haut de la droite. C'est
le premier état décrit.

304. La Pompe Notre-Dame (43). Très-belle épreuve.

305. L'Abside de Notre-Dame de Paris (50). Superbe
épreuve du deuxième état avant la lettre.

306. Tourelle de la rue de l'Ecole de Médecine (53). Très-belle épreuve sur chine.

307. La même pièce, même état.

308. Rue des Chantres (54). Superbe épreuve avant toutes lettres.

309. La Rue des Toiles à Bourges (56). Superbe épreuve du deuxième état avant toutes lettres.

310. Ancienne habitation à Bourges (57). Très-belle épreuve avec la lettre, sur chine.

311. Le Ministère de la marine. Très-belle épreuve avant la lettre.

312. Bain froid Chevrier, dit de l'Ecole. Très-belle épreuve avec la lettre.

MILLET (F.).

313. Les Bêcheurs, pièce gravée à l'eau forte ainsi que les suivantes. Superbe épreuve.

314. Les Glaneuses, Superbe épreuve.

315. Jeune mère donnant à manger à son enfant. Très-belle épreuve.

316. Paysan roulant une brouette de fumier dans une étable. Superbe épreuve.

317. La Batteuse de beurre. Superbe épreuve.

318. La Couseuse. Superbe épreuve.

319. Jeune fille assise gardant des moutons. Pièce très-rare. Superbe épreuve imprimée sur papier du Japon.

MONNIER (H.)

320. Caricatures et sujets de mœurs. Dix-huit pièces.

NIEL (Mlle G.)

321. Cour de l'hôtel de la Vieuville, rue Saint-Paul, — Palais abbatial de Saint-Germain-des-Prés, — Cour Charlemagne, — Ancienne école de médecine, rue de la Bûcherie. Quatre pièces gravées à l'eau-forte.

POTRELLE.

322. L'Amour et Psyché. Très-grande pièce d'après Gé-

rard. Superbe épreuve avant toutes lettres. Elle a
toute sa marge.

PRUD'HON (D'après P.-P.).

323. Une Famille malheureuse, gravé par Caron. Epreuve
avant la lettre.

224. La Soif de l'or. Belle épreuve.

325. Le Premier baiser de l'amour, gravé par Roger.
Très-belle épreuve.

226. La Grotte, gravée par Roger. Très-belle épreuve avant
la lettre.

326. Daphnis et Chloë. Très-jolie pièce gravée par Roger.
Très-belle épreuve.

328. Abrocome et Anzia, — Aminta. Deux pièces gravées
par Roger; une est avant la lettre.

329. Les mêmes pièces. Très-belles épreuves.

330. Figures pour l'art d'aimer. Suite de quatre pièces.
Très-belles épreuves dont une avant la lettre. Phro-
sine et Mélidor, gravée par Prud'hon, les autres par
Busson et Copia.

331. La Vengeance de Cérès, — l'Amour réduit à la raison.
Deux pièces avant la lettre, gravées par Copia. Très-
belles épreuves.

332. Le Christ en croix, — le Triomphe de Vénus et quatre
pièces par Aubry le Comte, Delaunay et autres.

RAFFET.

333. Combat d'Oued-Alleg. 31 décembre 1839. (Cat. Giaco-
melli (82). Très-belle épreuve sur papier de chine
coupé.

334. Sujets tirés d'Albums et autres. Quarante-trois pièces.
Très-belles épreuves.

335. Prise de Constantine. Cinq pièces. Très-belles épreuves sur papier de Chine coupé au bord.

336. Retraite de Constantine. Quatre pièces. Très-belles
épreuves sur papier de Chine coupé au bord du dessin.

337. Voyage dans la Russie méridionale et la Crimée. quinze pièces. Très-belles épreuves sur papier de Chine coupé.

338. Siége d'Anvers. Trois pièces. Très-belles épreuves.

RICHOMME.

339. Léonard de Vinci mourant dans les bras de François Ier. d'après Ingres. Superbe épreuve avant toutes lettres.

VAN HUYSUM (D'après).

340. Les Fleurs. Très-jolie pièce gravée à l'eau-forte.

VERNET (H.).

341. Sujets militaires, diligences et autres. Treize pièces.

---

342. Sous ce numéro sera vendu un portefeuille contenant environ cent cinquante pièces diverses, eaux-fortes anciennes et modernes.

Paris. — Imprimerie Pillet fils aîné, rue des Grands-Augustins, 5.